Angelina Wiemann

# Natürlich Wohnen

## IMPRESSUM

Fotos, Styling und Text:
Angelina Wiemann
Layout, Satz und Covergestaltung:
Antje Warnecke, nordendesign.de
Korrektur:
Anja Fuhrmann
Lektorat und Schlusskorrektur:
Susanne Klar
Programmleitung und
Produktmanagement:
Susanne Klar, Christine Rauch
Druck & Bindung:
APPL, Wemding

© Lifestyle BusseSeewald in der
frechverlag GmbH Stuttgart, 2015

1. Auflage 2015
ISBN: 978-3-7724-7399-9
Best.-Nr. 7399

Sommer
bei mir zu Hause

# SOMMER MOODS

Im Sommer
dekoriere ich
besonders
gerne mit
Treibholz,
Muscheln,
Seesternen
und Lavendel.
Das verbreitet
eine lockere
Urlaubs-
stimmung
und erinnert
mich an einen
wunderschönen
Tag am Meer.
Fehlt nur noch
das Meeres-
rauschen.

Mit einer Tasse Kaffee draußen zu sitzen, mir leckere Sommerrezepte zu überlegen und den verschiedenen Obstsorten und Blumen beim Wachsen zuzusehen – das macht mich jetzt besonders glücklich. Die Stockrosen schauen sogar schon zum Küchenfenster herein.

# Mein Sommer im Haus

Die Türen und Fenster stehen möglichst oft auf, damit ein fließender Übergang zwischen Drinnen und Draußen entsteht.

Im Haus weht den ganzen Tag über ein laues Lüftchen und es duftet überall herrlich nach gemähtem Gras, Blumen und goldenen Kornähren. Auf Dekoration verzichten mag ich natürlich auch im Sommer nicht, aber alles wirkt etwas reduzierter als zu den anderen Jahreszeiten. Das kommt zum einen daher, dass sich das Leben hauptsächlich draußen abspielt, zum anderen sollen die Räume im Haus Einfachheit und Frische ausstrahlen.

Das Metallschild weist
leider nicht mehr den
Weg zum Strand, erinnert
aber an Sonne und Meer.

Die Farbe Blau ist der
perfekte Kontrast zu Holz
und Weißtönen und wirkt
besonders bei Sommerhitze
kühl und frisch.

In dem großen weißen Schrank ist unser Fernseher versteckt. Da dieser an der Wand angebracht ist, habe ich die Schrankrückwand einfach herausgenommen.

Schon immer habe ich von einem Haus am Meer geträumt. Von Kindesbeinen an verbrachte ich zu jeder Jahreszeit meine Ferien in Dänemark. Meistens wohnten wir dort in einem Holzhaus mitten in den Dünen. Das Meer lag in Sichtweite und man hörte es rauschen, wenn man abends im Bett lag. Die Einrichtung war stets einfach und zweckmäßig. Da ein eigenes Strandhaus aber wohl vorerst ein Traum bleiben wird, hole ich mir im Sommer einfach ein Stück davon in unsere eigenen vier Wände. Ideale Elemente dafür sind Kissen aus Leinen, grob gestrickte Plaids, Rattankörbe, unaufgeregte Farben und unterschiedliches Strandgut.

## BUCHSKRÄNZE ★ DIY ✂

Diese Buchsringe in drei Größen sind der ideale Hingucker für Türen und Fenster.

**Du brauchst:**

★ Buchsbaumzweige
★ Edelstahldraht
★ Silberdraht
★ Zange
★ Paketschnur

**So geht's:**

Aus dem Edelstahldraht runde Kranz-gestelle in drei unterschiedlichen Größen formen. Einen Buchsbaumzweig auf das Drahtgestell legen, fest mit dem Silberdraht an den Kranz binden. Dann legst du den nächsten Zweig halb überlappend über den ersten Zweig. Am besten so, dass man den Draht nicht mehr sieht. Nun wird auch dieser festgebunden. So gehst du immer weiter vor. Den Silber-draht erst ganz am Schluss ab-schneiden und ihn ansonsten einfach weiterlaufen lassen, bis der Kranz fertig ist. Verbunden habe ich die drei Kränze mit Paketschnur.

Die für mich perfekten Möbel findet man in keinem Möbelhaus. Ich finde es schön, wenn ein Möbelstück eine Geschichte erzählt und man sieht, dass es schon etwas erlebt hat. Vieles in unserem Haus haben wir von den Großeltern meines Mannes geerbt. Als ich damals auf den verstaubten Dachboden kam und all die Schätze dort erblickte, war es um mich geschehen. Aber auch auf Flohmärkten und in Auktionshäusern bin ich schon fündig geworden. Man muss nur immer die Augen offen halten.

Sterne passen bei mir das ganze Jahr über.

Den Schaukelstuhl habe ich für einen Euro ersteigert. Damals war er allerdings grasgrün und es brauchte einige Pinselstriche zur Verwandlung.

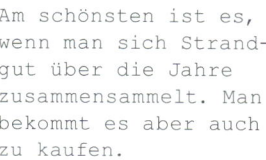

Am schönsten ist es, wenn man sich Strandgut über die Jahre zusammensammelt. Man bekommt es aber auch zu kaufen.

Wenn das Wetter es zulässt, sind wir so oft es geht draußen in unserem Garten oder streifen mit Kimba durch die umliegenden Felder. Deshalb nutze ich meine freie Zeit jetzt natürlich lieber für Gartenarbeit oder gemütliches Faulenzen, anstatt mich im Haus aufzuhalten. Aber ab und zu überkommt mich meine Dekorierlust dann doch. Schnell werden ein paar Kissen ausgetauscht, ein anderes Windlicht hingestellt oder Blumen aus dem Garten ins Haus getragen. Sofort wirkt alles ganz anders. Ich mag das und kann nicht verstehen, dass in manchen Häusern tagein tagaus alles immer gleich aussieht.

Ich glaube, ein wenig Veränderung tut der Seele gut. Denn man selbst entwickelt sich ja auch weiter und sieht manche Dinge anders als vielleicht noch vor fünf Jahren. Ab und an tauschen wir zum Beispiel auch Lampen und Möbel in den verschiedenen Zimmern aus. Für einen frischen Look ist es nicht nötig, sich immer wieder mit neuen Möbeln auszustatten.

An heißen Tagen schlummert
Kimba gerne im Haus.

Rattankörbe sind praktisch, um
Kissen und Decken zu verstauen.

Das Segelboot erinnert mich immer an Wind und
Meer und zaubert sofort echtes Strandhausflair.

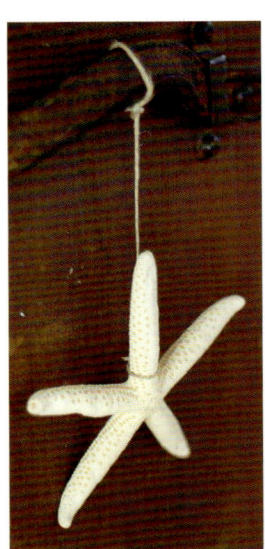

Als Couchtisch
dient uns im
Sommer ein alter
Überseekoffer. Er
ist ein echtes
Raumwunder und
in ihm verschwin-
den viele meiner
Wohnzeitschriften.

# WINDLICHT ★ DIY

### Du brauchst:

★ dünne Zweige

★ Gartenschere

★ Paketschnur

★ Wasserglas

★ Teelicht

### So geht's:

Miss die Höhe deines Glases und schneide die Zweige mit der Gartenschere grob auf eine Länge, etwas höher als das Glas, zu. Fädele nun jeden Zweig nebeneinander auf eine Schnur. Lege das Glas darauf, binde die Enden der Schnur fest und wickele sie ein paar Mal zur Stabilisierung um das Glas herum.

# BLUMENVASE ★ DIY

### Du brauchst:

★ Treibholz

★ Glasgefäß

★ kleine Glasflasche

★ Hortensienblüte

★ Gräser

### So geht's:

Stell eine mit Wasser gefüllte kleine Glasflasche samt der Hortensienblüte in die Mitte des großen Glasgefäßes. Verteile großzügig Treibholz drumherum und stecke ein paar einzelne Gräser in die Blüte. Fertig ist die maritime Blumenvase!

HÖLZER

# PADDEL ★ DIY ✂

Ein altes Holzpaddel verwandelt sich in ein Dekoelement im Shabby-Chic-Look.

## Du brauchst:

★ Holzpaddel
★ Acrylfarbe in Weiß und Schwarz
★ Pinsel
★ Buchstabenschablonen
★ Schleifpapier

## So geht's:

Das Paddel mit Schleifpapier anschleifen und anschließend in zwei Durchgängen streichen. Nach dem letzten Trocknen abermals anschleifen, um den gewünschten »Used Look« zu erhalten. Je nach Geschmack mit den Buchstabenschablonen beschriften.

MARITIM

Auch der Flur ist jetzt im Sommer ruhig und dezent dekoriert. Es liegt immer eine Decke bereit, die man sich bei Bedarf abends auf dem Weg in den Garten unter den Arm klemmen kann. Als »Zucker« für die Augen genügen ein paar Blümchen in Körben und Glasgefäßen. Es müssen jedoch nicht immer nur Blumen sein. Ich finde, dass auch blühende Kräuter einfach wunderschön aussehen! Da Kräuter kurz vor der Blüte den höchsten Gehalt an ätherischen Ölen besitzen, sollten sie am besten dann zum Verzehr oder Einfrieren geerntet werden. Manche Kräuter werden in der Blüte und danach ungenießbar und einige sogar giftig. Deshalb habe ich mir angewöhnt, die Blüten einfach abzuschneiden und wie einen Blumenstrauß in die Vase zu stellen. Blühender Dill zum Beispiel sieht toll aus, wirkt herrlich filigran und duftet beim Vorbeigehen lecker würzig. Aber auch Schnittlauch, Salbei, Bärlauch oder Petersilie besitzen eine hübsche Blüte.

An der Wand steht »In einem Haus, in dem die Freude lebt, zieht auch das Glück gern ein«.

Das alte Straßenschild stammt aus Frankreich. Ich habe es in einem kleinen Lädchen in der Schweiz entdeckt.

Neue Aufgaben für alte Dinge: Der urige Emailleeimer beherbergt nun Toilettenpapier und im französischen Eierkorb tummeln sich duftende Seifen.

Unser Badezimmer ist für mich ein Wohlfühlort und dank der Nord-Ost-Ausrichtung morgens sonnendurchflutet. Ich genieße es, mir ein wenig Zeit zu nehmen und den Tag möglichst entspannt zu beginnen. Dafür stehe ich auch gerne eher auf. Die Nase in duftende Handtücher zu stecken und beim Zähneputzen aus dem Fenster zu schauen, das ist für mich Luxus. Um auch hier das typische Strandhausfeeling zu erzeugen, gestalte ich gerne mit filigranen Gräsern und Elementen aus Holz.

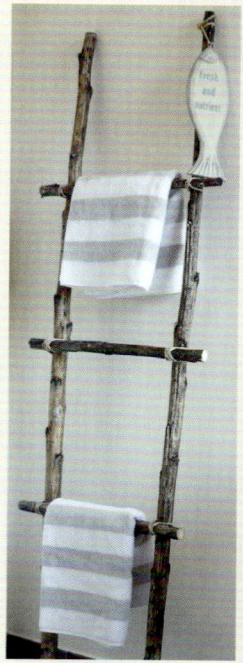

## LEITER ★ DIY
aus Sonnenblumenstängeln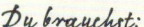

### Du brauchst:

★ Säge

★ 3 getrocknete dicke Sonnenblumenstängel

★ Paketschnur

### So geht's:

Wähle zwei Stängel für die Seitenteile der Leiter und säge den dritten in drei gleich große Teile. Diese sollen später die Sprossen werden. Zum Befestigen bindest du sie mit den beiden äußeren Enden an die Seitenteile. Die Schnur ruhig ein paar Mal drumherum wickeln, damit es auch gut hält. Anschließend einfach hinten verknoten.

## SEGELBOOT ★ DIY

### Du brauchst:

★ Holzstück   ★ Akkuschrauber

★ Zweig   ★ Nägel

★ Holzkleber   ★ Hammer

★ Schere   ★ Nähnadel

★ Stoffreste   ★ Maskingtape

★ Bindfaden

### So geht's:

In die Mitte des Holzes ein Loch bohren, dort den Zweig mit Kleber befestigen. Aus dem Stoff zwei Segel ausschneiden, mit Nadel und Faden oben am Mast befestigen und mit zwei Nägeln an den Holzenden abspannen. Etwas Maskingtape um den Mast kleben und ein Dreieck herausschneiden.

FRISCH

Im Sommer tauschen wir unseren
großen Eichentisch gerne gegen
meinen weißen Schreibtisch aus.
Das gibt dem Raum den sommer-
lichen Frischekick!

Im Sommer lieben wir bunte Salatteller, vor allem weil es schnell geht
und die Tomaten aus unserem Garten stammen. Selbst geerntete Tomaten sind so lecker und aromatisch. Den Eigenanbau kann ich wirklich nur empfehlen! Ein Garten ist gar nicht unbedingt nötig, denn
Tomatenpflanzen wachsen auch prima im Topf auf Terrasse oder
Balkon. Zudem mögen die Mücken den Duft der Pflanzen nicht so
gerne und man hat weniger Ärger mit den kleinen Blutsaugern.

# PIZZASTANGEN

*Du brauchst für ca. 10 Stangen:*

★ 1 Packung fertigen Pizzateig

★ 1 EL Knoblauchöl

★ 1 TL Pizzagewürz

*So geht's:*

Den fertigen Pizzateig aus der Verpackung nehmen, ausrollen und das Backpapier von der Rückseite entfernen.

Nun gibst du das Knoblauchöl auf den Teig und verteilst es mit den Händen oder einem Backpinsel. Danach das Ganze mit Pizzagewürz bestreuen.

Jetzt schneidest du den Teig in so breite Streifen, wie du die Stangen später haben möchtest. Nimm die Streifen an den Enden hoch, zwirbele sie und lege sie auf ein mit Backpapier ausgelegtes Backblech.

Anschließend backst du sie so, wie es in der Anleitung für den Teig beschrieben ist. Vielleicht eher etwas kürzer, damit die Stangen nicht zu knusprig werden.

# SALATTELLER

**Du brauchst für 1 Salatschüssel:**

★ 1 kleiner Eisbergsalat

★ 250 g Cherrytomaten

★ ½ Salatgurke

★ 2 Stangen Frühlingszwiebeln

★ 1 kleine Dose Mais

★ frische Kräuter (z.B. Schnittlauch)

★ 4 EL Olivenöl

★ 2 EL Weißweinessig

★ Senf

★ flüssiger Honig

★ Salz und Pfeffer

**So geht's:**

Eisbergsalat, Tomaten und Frühlingszwiebeln waschen und in mundgerechte Stücke schneiden. Die Gurke schälen, ebenfalls klein schneiden und mit dem Mais unter die restlichen Zutaten heben. Nun das Ganze in eine hübsche Schale füllen und mit gehackten Kräutern bestreuen.

Für das Dressing verrührst du den Weißweinessig mit etwas Senf und Honig und würzt mit Salz und Pfeffer. Nun erst gibst du das Olivenöl hinzu, denn so können sich die Aromen der Zutaten besser entfalten. Das Öl schlägst du kräftig mit einem Schneebesen unter, damit das Dressing schön cremig wird.

Kleiner Tipp: Damit der Salat auch am nächsten Tag noch schön knackig ist, gib das Dressing immer erst direkt vor dem Servieren darüber.

LEICHT & LECKER

Da Stachelbeeren für mich die Sommerfrüchte schlechthin sind, habe ich meine Marmelade »Sommer im Glas« getauft.

# MARMELADE
## aus Stachelbeeren

*Du brauchst für ca. 6 Gläser à 250 ml:*

★ 1 kg rote Stachelbeeren

★ 500 g Gelierzucker 1:2

*So geht's:*

Du kannst für dieses Rezept auch grüne Stachelbeeren verwenden, aber ihre roten Verwandten sind ein bisschen süßer. Da entscheidet einfach dein Geschmack.

Die Stachelbeeren gibst du zum Waschen in einen Durchschlag und entfernst anschließend Stiel und Blütenansatz. Die fertigen Früchte füllst du um in einen großen, hohen Kochtopf, in dem du nun die Beeren mit einem Pürierstab zerkleinerst.

Anschließend verrührst du die Früchte mit dem Gelierzucker und lässt den Früchtebrei aufkochen. Dabei immer schön umrühren, damit nichts anbrennt.

Das Ganze ca. 4 Minuten sprudelnd kochen lassen. Zwischendurch die Gelierprobe machen: Gib dazu einen Klecks Marmelade auf einen Teller. Wird er rasch fest, ist die Marmelade fertig.

Anschließend alles in saubere Gläser füllen, verschließen und etwa 5 Minuten auf den Kopf stellen.

SOMMER IM GLAS

# Mein Sommer im Garten☀

Wenn die Tage nicht enden wollen
und sich das Leben fast nur noch
draußen abspielt – dann ist Sommer!

Bei uns im Garten blühen die Blumen jetzt um die Wette und ich weiß oft gar nicht, wo ich zuerst und zuletzt hinschauen soll. Meine absoluten Lieblinge sind die Stockrosen. Sie sind für mich der Inbegriff vom Sommer auf dem Land.

Vor den beiden Küchenfenstern habe ich
all meine Lieblingsblumen gepflanzt.

Unser Garten wird im Sommer zum erweiterten Wohnraum. Ich
erschaffe immer wieder neue gemütliche Sitzecken, die zum Verweilen einladen und dort sitzen wir gerne bis spät in den Abend
hinein zusammen. Überhaupt nehmen wir wenn möglich jede Mahl-
zeit draußen ein. Der Tisch wird hübsch gedeckt und es gibt leichtes
Essen, auf das wir auch an warmen Tagen Appetit haben. Im Haus
wird nur bei Regenwetter gegessen. Das ist aber nicht zu verwech-
seln mit einem leichten Sommerregen, denn wenn man dann unter
dem Sonnenschirm zusammenrückt, kann das auch schön sein.
Probier das unbedingt mal aus! Der Duft nach Regen auf warmer
Erde ist dabei das Allerschönste.

Auf der Stufe vor unserer Haustür
ist es nachmittags herrlich kühl.

# WEGWEISER ★ DIY

Bei Gartenpartys stelle ich in unserer Hofeinfahrt gerne einen witzigen Wegweiser auf.

*Du brauchst:*

★ Holzpfahl in der gewünschten Höhe
★ 4 Holzbretter für die Schilder
★ Schleifpapier
★ Borstenpinsel
★ Acrylfarbe
★ Akkuschrauber
★ Schrauben

*So geht's:*

Die Holzschilder ordnest du so an, dass die dünneren Enden in verschiedene Richtungen zeigen. Das erinnert dann ein wenig an Pfeile. Nun schleifst du die Oberfläche der Schilder mit Schleifpapier an, damit du eine glatte Oberfläche bekommst. Je sorgfältiger du schleifst, desto leichter geht das Beschriften.

Für die Beschriftung nimmst du am besten einen flachen Borstenpinsel. Je nachdem wie groß deine Schilder und damit auch deine Schrift werden sollen, bestimmst du die Breite des Pinsels. Ich habe hier einen in Größe 4 genommen. Im Anschluss lässt du die Schilder gut trocknen, damit später nichts verschmiert. Für die Befestigung einfach den Holzpfahl auf den Boden legen und die Schilder in der gewünschten Reihenfolge am Pfahl festschrauben.

HINGUCKER

An diesem romantischen Sitzplatz inmitten der
Apfelrosenhecke vergisst du schon mal die Zeit.

„Der Sommer macht
den Menschen zum Träumer."

Paul Keller

Morgens verkrümele
ich mich mit meiner
Bettdecke und dem
ersten Kaffee gerne
in den Garten.

Das duftet wunderbar aromatisch: Einfach ein paar Stängel Dill mit zu den Margeriten in die Vase stellen.

# MATJESTOPF

*Du brauchst für 4 Personen:*

★ 450 g Heringsfilets
★ 500 g Naturjoghurt
★ 200 g Crème fraîche
★ 2 kleine Äpfel
★ 1 große Zwiebel
★ 6 eingelegte Gewürzgurken
★ Rosinen
★ Zitronensaft
★ Dill
★ Salz und Pfeffer

*So geht's:*

Du verrührst den Joghurt mit der Crème fraîche. Die Heringe und Äpfel schneidest du in mundgerechte Stücke, die Zwiebel in dünne, halbe Ringe, und hebst dann alles unter die Joghurt-Crème-Masse. Ebenso die in Scheiben geschnittenen Gewürzgurken.

Anschließend schmeckst du alles mit Salz, Pfeffer, gehacktem Dill und etwas Zitronensaft ab und gibst nach Geschmack Rosinen dazu.

Kleiner Tipp: Ich gebe gerne noch einen Schuss Flüssigkeit von den eingelegten Gewürzgurken mit dazu.

Das Ganze muss nun im Kühlschrank gut durchziehen, am besten sogar über Nacht.

Dazu schmecken am besten Pellkartoffeln.

NORDISCH

Für die kleine Pause ist ein Platz
im Schatten schnell hergerichtet.

Frische Kräuter beim Kochen sind für mich unentbehrlich. Da sie sich in Töpfen in der Küche leider nicht lange halten, musste eine andere Lösung her. Deshalb habe ich mir direkt vor unserem Küchenfenster ein Kräuterbeet in einer alten Zinkwanne angelegt. So kann ich beim Kochen schnell mal rausflitzen und mir etwas abschneiden. Kleiner Tipp: Ich hacke mir von jedem Kraut etwas klein und friere es einfach portionsweise ein. So bleiben die Kräuter frisch und aromatisch, und ich habe auch in der kalten Jahreszeit immer genug Vorrat da.

Sogar Gartengeräte können hübsch
aussehen, so wie diese kleine Blumen-
schaufel. Das macht gute Laune!

## HOLZSCHILD  DIY

*Du brauchst:*

★ Holzbrett
★ Schleifpapier
★ Pinsel
★ Acrylfarbe
★ Buchstabenschablonen

*So geht's:*

Ich habe hier ein verwittertes Holzbrett genommen, du kannst aber auch einfach ein neues Brett nehmen. Nun schleifst du eventuell herausstehende Holzfasern ab. Die Buchstaben einfach mithilfe der Schablonen auftragen und trocknen lassen.

## KRÄUTERWANNE DIY

*Du brauchst:*

★ Zinkwanne (z.B. vom Flohmarkt)
★ Akkuschrauber
★ Kies
★ Blumenerde
★ deine Lieblingskräuter

*So geht's:*

Zuerst bohrst du drei Löcher in den Boden der Zinkwanne, damit keine Staunässe entsteht. Dann befüllst du die Wanne mit einer Schicht Kies und verteilst darauf die Erde. Schon kannst du die Kräuter einpflanzen.

99 Im Grunde sind
es doch die
# Verbindungen
mit Menschen,
die dem Leben
seinen Wert geben. 66

Wilhelm von Humboldt

Unsere Fenster sollten sich unbedingt nach außen öffnen lassen. Zum Glück sind wir damals in Dänemark fündig geworden!

Ich liebe selbst gebackenen Kuchen. Deshalb lade ich gerne Freunde ein und veranstalte eine Kuchenparty. Das ist locker, ungezwungen und lecker! Mit dem üblichen Kaffeekränzchen hat das allerdings nicht viel zu tun. Es gibt keine gestärkten Tischdecken und keine mächtigen Sahnetorten. Ich backe lieber eine frische Himbeertorte und bin froh, dass ich das Tortenbodenrezept von meiner Oma vor vielen Jahren bekommen habe. Es ist schnell gemacht und schmeckt viel besser als die gekauften Böden.

# HIMBEERTORTE

*Du brauchst für eine Springform mit 26 cm Ø:*

### Für den Teig
- ★ 100 g Zucker
- ★ 100 g Butter
- ★ 2 Eier
- ★ 1 Packung Vanillezucker
- ★ 150 g Mehl
- ★ 2 EL Wasser
- ★ ½ Packung Backpulver

### Für den Belag
- ★ 3 Packungen (à 175 g) Frischkäse mit Doppelrahmstufe
- ★ 250 g Naturjoghurt 3,5% Fett
- ★ 6 Blatt Gelatine
- ★ 150 ml Wasser
- ★ 50 g Zucker
- ★ 250 g Himbeeren
- ★ Minzblättchen

Beim Geschirr habe ich mich für Rosé und Grau entschieden. Passend zu Torte und Bowle und dem urigen Holz der Möbel.

*So geht's:*

Zucker und Vanillezucker mit der Butter schaumig schlagen. Anschließend gibst du die Eier dazu. Das Mehl mit dem Backpulver mischen und zusammen mit dem Wasser zu der Masse geben. Alles gut verrühren und in die Kuchenform füllen.

Bei 175 Grad Umluft im vorgeheizten Backofen ca. 15 Minuten backen. Den Tortenboden auskühlen lassen und mit einem Tortenring versehen. Nun verrührst du den Frischkäse mit dem Joghurt.

Die Blattgelatine weichst du 10 Minuten in kaltem Wasser ein. Danach gut ausdrücken und unter Rühren zusammen mit dem Zucker in 150 ml Wasser erwärmen, bis sich alles aufgelöst hat. Zügig unter die Frischkäse-Creme ziehen, auf dem Tortenboden verteilen und 4 Stunden kaltstellen.

Von den Himbeeren einige für die Dekoration zur Seite legen, die restlichen pürieren. Wem es so nicht süß genug ist, der gibt noch etwas Puderzucker dazu. Magst du die Kerne der Himbeeren nicht? Dann streiche die Sauce einfach durch ein Sieb. Nun die Sauce über die Torte gießen und mit Himbeeren und ein paar Blättchen Minze dekorieren.

FRUCHTZAUBER

# BLAUBEERMUFFINS

**Du brauchst für 12 Stück:**

★ 130 g Butter

★ 130 g Zucker

★ 1 Packung Vanillezucker

★ 2 Eier

★ 200 g Mehl

★ 2 TL Backpulver

★ 150 g Blaubeeren

**So geht's:**

Die Butter mit dem Zucker und dem Vanillezucker schaumig schlagen und die Eier nach und nach unterrühren. Das Mehl mit dem Backpulver mischen und ebenfalls dazugeben.

Lege ein paar der Blaubeeren zur Seite und hebe die restlichen vorsichtig unter den Teig. Anschließend in gefettete Muffinförmchen geben.

Kleiner Tipp: Wenn du die Blaubeeren mit etwas Mehl bestäubst, sinken sie nicht alle in den unteren Teil des Muffins.

Bei 160 Grad Umluft ca. 20-25 Minuten backen. Die ausgekühlten Muffins mit den restlichen Blaubeeren dekorieren.

Blaubeeren sind lecker und zudem noch gesunde kleine Vitaminbomben.

SÜSSE BEEREN

## SOMMERBOWLE

*Du brauchst für 1,5 l:*

★ 500 ml gesüßter roter Johannisbeersaft

★ tiefgefrorene Beeren
  (z.B. rote und schwarze Johannis-
  beeren, Brombeeren, Himbeeren)

★ 1 l Mineralwasser

*So geht's:*

Die tiefgefrorenen Früchte einfach in ein geeignetes Gefäß geben und mit Saft und Mineralwasser auf-füllen. Du kannst natürlich auch frisches Obst nehmen, aber da-durch, dass die Früchte gefroren sind, hast du sofort ein herrlich erfrischendes, eiskaltes Getränk.

Diese Bowle eignet sich mit Alkohol zum Beispiel auch für Grillpartys. Dafür nimmst du statt des Mineral-wassers einfach 500 ml trockenen Weißwein und 500 ml Sekt. Alles außer den Sekt in ein Gefäß ge-ben und über Nacht im Kühlschrank ziehen lassen. Kurz vorm Servieren mit dem Sekt auffüllen.

SOMMERLAUNE

HAUCHZART

# LAVENDELSTRÄUSSE ✶ DIY ✂

Die getrockneten Lavendelsträuße sind schnell gemacht.

*Du brauchst:*

★ Lavendel

★ Paketschnur

*So geht's:*

Den Lavendel schneide ich immer kurz vor der Blüte, da er dann am hübschesten aussieht und besonders intensiv duftet.

Du bindest die Lavendelzweige büschelweise zusammen, hängst sie kopfüber auf und lässt sie trocknen.

I'M IN THE GARDEN

Hier habe ich die Lavendelsträuße am Sonnenschirmständer aufgehängt. Das duftet! Aber auch als Mini-strauß am Windlicht sieht der Lavendel hübsch aus.

Ich habe ein Faible für
schöne Teekannen.

Hmmmmm ... das riecht aber verführerisch
nach Kuchen, was Kimba?

# Herbst
## bei mir zu Hause

# HERBSTMOODS

Es wird kuschelig! Ich liebe es, mir die warmen Farben des Herbstes ins Haus zu holen. Das ist schnell mit Tannenzapfen und Körben voller Äpfel gemacht. Wenn dann noch die Herbstsonne hineinscheint, ist das Wohlfühlgefühl perfekt.

Jetzt gibt es draußen jede Menge Gelegenheiten zum Sammeln von Naturmaterialien. Egal ob Kastanien, bunte Blätter, Äpfel oder Eicheln – irgendetwas fällt mir immer vor die Füße und ich komme oft mit vollgestopften Jackentaschen von meinen Spaziergängen nach Hause.

# Mein Herbst im Haus*

Wenn die Tage kürzer werden und
Herbststürme übers Land ziehen,
machen wir es uns im Haus gemütlich.

Sämtliche Kuscheldecken und Kissen werden aus ihren Verstecken hervorgekramt. Eine Kanne dampfenden Tees steht immer auf dem Stövchen bereit. Wir haben meinen weißen Schreibtisch wieder gegen den schweren, großen Eichentisch getauscht, damit genügend Platz für behagliche Stunden mit Familie und Freunden bleibt. Das macht besonders Spaß, wenn man vorher zusammen einen ausgiebigen Herbstspaziergang gemacht hat.

Wenn es draußen kalt ist, aber einem im
Haus die warme Herbstsonne ins Gesicht
scheint, ist das einfach herrlich.

Ich finde, das Beste an einer Einladung zum Kaffee oder Abendessen ist gar nicht so sehr das, was an Köstlichkeiten auf den Tisch kommt, sondern wie das Drumherum gestaltet ist. Mir ist immer wichtig, dass unsere Gäste sich wohlfühlen und sehen, dass sie von uns mit Freude erwartet werden. Auf jedem Platz liegt etwas Persönliches, wie zum Beispiel ein selbst gemachtes Namenskärtchen, das sich jeder als nette Erinnerung an ein paar gemütliche Stunden mit nach Hause nehmen kann. Ich arrangiere auch gerne ungewöhnliche Platzsets mit Naturmaterialien. Besonders jetzt im Herbst bieten sich dafür viele Möglichkeiten. Bei uns haben häufig Kastanienblätter ihren großen Auftritt. Zu der rustikalen Tischplatte sieht das einfach toll aus und sie sind groß genug, um noch unter den Tellern hervorzuschauen.

Äpfel in einem alten Drahtkorb sind eine einfache, aber wunderschöne Deko.

Hagebuttenzweige sehen in schlichten Vasen bezaubernd aus.

Hirsche werfen ihre Geweihe ab, damit ein neues nachwachsen kann. Diese kleine Geweihstange hatte sich in einem Heuballen versteckt, mit dem ich die Pferde füttern wollte.

Kürbisse, Kastanien, Eicheln und bunte Blätter bilden ein herbstliches Stillleben. Bis auf die Kürbisse habe ich alle Fundstücke auf meiner Nachmittagsrunde mit Kimba entdeckt.

## PLATZKARTE ⭐ DIY

Dieses Platzkärtchen nimmt sich be-
stimmt jeder gerne als Erinnerung mit
nach Hause.

### Du brauchst:

★ Blätter

★ Buchstabenstempel

★ Stempelfarbe

### So geht's:

Achte beim Sammeln der Blätter
darauf, dass sie groß genug für
die jeweiligen Namen deiner Gäste
sind. Nun trocknest du sie ein
paar Tage in einem schweren Buch
und bestempelst sie dann mit den
gewünschten Namen.

EINLADEND

Hier habe ich um ein Teelicht herum einfach ein paar Eicheln in das kleine Einmachglas gelegt. Das zaubert ein warmes Licht und versteckt das weniger schöne Teelicht.

Kastanienblätter mal anders: Als Platzsets wirken sie zu meinen schlichten weißen Kuchentellern herrlich rustikal.

Ich liebe Waffeln! Eigentlich komisch, aber sobald es draußen etwas kälter wird, kann ich es kaum erwarten, endlich das Waffeleisen aus den Tiefen des Küchenschrankes hervorzuholen und ihm für die kommenden Monate einen festen Platz auf der Küchenarbeitsplatte zu sichern. Allein der Duft, wenn die Waffel vor sich hin backt, löst in mir ein wunderbares Glücksgefühl im Bauch aus. Am liebsten mochte ich sie früher immer pur, nur mit ein wenig Puderzucker obendrauf.

Das änderte sich schlagartig, als ich vor einiger Zeit die Variante mit Pflaumenmarmelade und Schmand entdeckte. Oben an der Nordsee werden die Waffeln oft so serviert. Das schmeckt einfach himmlisch und deshalb habe ich meine eigene Variante auch direkt so genannt: himmlische Waffeln.

# HIMMLISCHE WAFFELN

mit beschwipster Pflaumenmarmelade und Zimtschmand

*Du brauchst für 4 Personen:*

★ 250 g Butter

★ 90 g Zucker

★ 4 Eier

★ ca. 500 ml Milch

★ 500 g Mehl

★ 1 Päckchen Bourbon Vanillezucker

★ 1 TL Backpulver

★ Pflaumenmarmelade

★ Schmand

★ Zimt

*So geht's:*

Die weiche Butter mit dem Zucker und dem Bourbon Vanillezucker schaumig schlagen. Anschließend gibst du nach und nach die Eier dazu. Das Mehl mit dem Backpulver mischen und ebenfalls unterrühren. Nun nach und nach die Milch während des Rührens dazugeben. Jetzt kannst du mit dem Backen loslegen!

Die beschwipste Pflaumenmarmelade kochst du übrigens nach dem Marmeladenrezept von Seite 63. Gib nur während des Kochens etwas Rum und Zimt dazu und vergiss nicht, die Pflaumen vor dem Zerkleinern zu entsteinen.

Den Schmand mit ein wenig Zimt verrühren und zusammen mit der Pflaumenmarmelade auf die noch warme Waffel geben.

HIMMLISCH

Hier lässt es
sich aushalten.
Ein gutes Buch
und ein kusche-
liges Plätzchen
in meinem Lieb-
lingssessel.
Einfach perfekt
zum Abschalten.

# KISSEN ★ DIY
mit Blätterdruck

*Du brauchst:*

★ Kissenhülle    ★ Pinsel
  (z.B. Leinen)    ★ Gummiwalze

★ Blätter    ★ Papier

★ Textilfarbe    ★ Bügeleisen

*So geht's:*

In die Hülle Papier legen, damit keine Farbe durchdruckt. Blätter auf der Unterseite mit Farbe bepinseln und auf die Hülle legen. Über den Blättern Papier auslegen und vorsichtig mit der Walze darüberfahren. Nun Papier und Blätter abziehen. Zum Schluss den Druck gemäß Herstellerangabe durch Bügeln fixieren.

# GIRLANDE ★ DIY
aus Blättern

*Du brauchst:*

★ Blätter in verschiedenen Farbnuancen und Größen

★ Nylonfaden

*So geht's:*

Die gesammelten Blätter in einem dicken Buch einige Tage trocknen. Nun fädelst du sie nach und nach an einem Nylonfaden auf und knotest sie vorsichtig daran fest. Die Girlande sieht auch toll im Fenster aus.

GRAZIL

Der Flur muss zwar praktisch sein, aber
auf Dekoration und Gemütlichkeit verzichte
ich natürlich trotzdem nicht.

Unseren Flur nennen wir in der ungemütlichen Jahreszeit häufig
liebevoll »Dreckschleuse«. Das kommt daher, dass man sich hier nach
einem Spaziergang bei Wind und Wetter von dreckigen Stiefeln und
Klamotten befreien kann, ohne alles in die Wohnräume zu tragen.

Da nasse Jacken immer so schlecht an der Garderobe zwischen den
anderen Sachen trocknen, habe ich eine Art Trockenstation gebaut.
Die Idee kam mir, als bei uns am Wegesrand Bäume und Sträucher
geschnitten wurden. Ich holte schnell das Auto, denn ich durfte
mir netterweise einen stabilen Ast mit nach Hause nehmen. Seit-
dem trocknen Jacke, Hundeleine und Schal im Nu und sind ratzfatz
wieder einsatzbereit.

Die Trense an der Wand gehört
meiner Islandstute Elja.

## WINDLICHT ★ DIY ✂

**Du brauchst**

★ Holzklotz
★ Glasglocke
★ Akkuschrauber
★ Heißkleber

**So geht's:**

Du bohrst ein passendes Loch in das Holz, gibst etwas Heißkleber hinein und steckst die Glasglocke verkehrt herum in den Holzklotz. Mit einem Teelicht versehen, zaubert es nun heimeliges Licht und sieht dabei einfach schön aus.

## GARDEROBENBAUM ★ DIY ✂

**Du brauchst:**

★ Ast
★ Eimer
★ Ruck-Zuck-Beton
★ Jutesack

**So geht's:**

Zuerst schneidest du dir den Ast passend zurecht. Jetzt füllst du den Eimer mit dem Beton, so wie es auf der Anleitung angegeben ist und steckst den Ast hinein. Sobald der Beton festgeworden ist und der Ast sicher steht, hüllst du den Eimer in einen Jutesack.

ENTRÉE

# Mein Herbst im Garten✳

Ich **liebe** den Herbst.
Aber bis vor einigen Jahren war mir
das noch gar nicht so **bewusst**.

Eigentlich war ich immer traurig, wenn der Sommer sich langsam verabschiedete, die Tage kürzer und die Nächte kühler wurden. Bis Kimba zu uns kam und ich durch sie die Natur und besonders den Herbst plötzlich viel bewusster wahrnahm. Ein Herbstmorgen hat so etwas Bezauberndes, wenn der Nebel noch schwer auf den Feldern liegt, aber die Sonne bereits durch die Wolken blinzelt.

Hast du einen späten Herbstnachmittag schon einmal mit allen Sinnen genossen? Setz dich mit einer wärmenden Decke und einer Tasse dampfenden Tees in den Garten. Niemals sonst im Jahr ist das Licht so warm und die Farben der Natur leuchten so intensiv wie zur sogenannten »goldenen Stunde«. Die Luft ist jetzt zwar kühler, aber auch herrlich klar. Bei einem Spaziergang bekommt man sofort den Kopf frei. Vielleicht hat es in der Nacht sogar den ersten Bodenfrost gegeben und alles glitzert.

Unser Zierapfel trägt in diesem Jahr so reich wie noch nie.

Auch wenn die Sonne noch aus allen Knopflöchern scheint, so ist es schon merklich kühler geworden. Aber dafür gibt es ja wärmende Decken.

Mit alten Holzkisten kann man prima dekorieren.

# BAUM ★ DIY
## in der Zinkwanne ✂

Bäume machen sich nicht nur toll im Garten, sondern auch auf der Terrasse.

*Du brauchst:*

★ Zinkwanne
★ Baum
★ Kies
★ Blumenerde
★ Akkuschrauber

*So geht's:*

Am besten lässt du dich vorab in einer Baumschule beraten, welche Bäume für eine Topfbepflanzung gut geeignet sind und wie groß der Ballen maximal für deine Zinkwanne sein darf. Wir haben uns für eine Harlekin-Weide entschieden, weil sie so hübsche Blätter hat und für diese Art der Bepflanzung geeignet ist.

Sobald du dir einen Baum ausgesucht hast, kann es auch schon losgehen: Zuerst bohrst du drei Löcher in den Boden der Zinkwanne, damit keine Staunässe entsteht. Dann befüllst du die Wanne mit dem Kies und verteilst darauf eine Schicht Erde. In der Zwischenzeit den Ballen des Baumes gut wässern. Am besten einige Zeit in einen Eimer mit Wasser stellen, damit er sich richtig vollsaugen kann. Nun stellst du den Baum in die Wanne, füllst sie rundherum mit Erde auf und gießt an.

HERBSTZAUBER

Aus dieser Bank sollte Kleinholz gemacht werden. Viel zu schade!

Schöne Gießkannen braucht man nicht nur zum täglichen Gießen, sondern kann sie auch prima mit in die Gartendekoration integrieren.

Dieses Windlicht ist zwar verrostet, hat aber nichts von seinem Charme eingebüßt.

Bei mir müssen auch nützliche Dinge, die ich im Garten für die Arbeit und Pflege der Pflanzen benötige, hübsch anzuschauen sein. Dann brauche ich sie nämlich nicht in irgendeiner Ecke oder im Gartenschränkchen zu verstecken, sondern kann sie wunderbar mit in die Gartendekoration einbeziehen. Dazu gehören vor allem Gießkannen. Ich weiß, es gibt sie in praktischen, aber unglaublich häßlichen Plastikausführungen. Viel schöner dagegen sind welche aus Zink oder lackiertem Metall in Grün oder Cremeweiß.

PFLANZFREUDE

# BEPFLANZTER KARTOFFELKORB ★ DIY ✂

Neue Aufgaben für ausrangierte Kartoffelkörbe vom Flohmarkt.

## Du brauchst:

★ Kartoffelkorb
★ Folie
★ Schere
★ Blumenerde
★ Blumen
★ Moos

## So geht's:

Den Kartoffelkorb von innen mit Moos bedecken. Nun legst du ihn mit Folie aus, die du mit kleinen Löchern versiehst und passend zurechtschneidest. Jetzt kann die Erde eingefüllt, die Blümchen wie Fette Henne, weiße Heide, Silberblatt und Zierkohl arrangiert und die Oberfläche mit Moos abgedeckt werden.

Im Herbst darf es bei den bepflanzten Körben und
Trögen noch mal eine richtige Farbexplosion geben.

„ Der **Herbst** ist der
Frühling des Winters. "

Henri de Toulouse-Lautrec

Die Bruchsteinbank
lädt in der warmen
Nachmittagssonne zum
Verweilen ein.

## HERZ-APFEL ✶ DIY ✄

So wird aus einem einfachen Apfel eine Botschaft, die von Herzen kommt.

*Du brauchst:*

★ Apfel
★ Zitronensaft
★ Plätzchenausstecher in Herzform
★ Löffel

*So geht's:*

Du platzierst den Plätzchenausstecher an der gewünschten Stelle des Apfels und drückst ihn ein. Nun mithilfe eines Löffels das Herz aushöhlen. Damit das Fruchtfleisch nicht so schnell braun wird, dieses einfach mit etwas Zitronensaft einreiben.

Die Herzäpfel eignen sich gut als Platzkartenhalter für eine herbstliche Tischdekoration. Dazu wird einfach an den Stiel des Apfels ein Namenskärtchen gebunden.

BEHERZT

Auch bei
Regen ist
der Herbst-
wald ein
Fest für
die Augen.
Die bunten
Blätter
machen
einfach
gute Laune.
Singing in
the rain!

# Inhalt

# Her mit dem schönen Landleben!

> „Natürlich zu wohnen bedeutet für mich vor allem, mit den Jahreszeiten zu leben."

Ich bin Angelina Wiemann und wohne mit meinem Mann, unserem Hund Kimba und meinem Islandpferd Elja mitten auf dem Land. Dort haben wir uns vor einigen Jahren den Traum vom eigenen Häuschen erfüllt. Aus alter Eiche und rustikalen Backsteinen bauten wir ein Fachwerkhaus, das zwar von außen wie ein Kotten aus vergangenen Zeiten aussieht, aber alle Vorteile eines Neubaus bietet. Im Innern steckt unser Haus voller Überraschungen – und rustikale Einrichtung sucht man hier vergebens. Es ist hell und luftig, denn ich liebe die Farbe Weiß. In Kombination mit warmen Holztönen und wechselnden Farbakzenten sieht es je nach Jahreszeit immer wieder anders aus. Rund um unser kleines Landhaus laden gemütliche Sitzecken zum Verweilen ein. Der Garten, in dem neben Stauden, Rosen und Sträuchern auch Obst und Gemüse wachsen, ist wildromantisch und ungezwungen.

Natürlich zu wohnen bedeutet für mich vor allem, mit den Jahreszeiten zu leben. Meine Dekoration in Haus und Garten ist geprägt von dem, was die Natur in Frühling, Sommer, Herbst und Winter an Gaben bereithält. Ich liebe es zu dekorieren, kreativ zu sein, alte Dinge zu neuem Leben zu erwecken und Räume zu gestalten. Deshalb bin ich sehr froh, dass ich meine Leidenschaft zum Beruf machen konnte. Seit 2010 schreibe ich meinen Blog FREUDENTANZ. Dort erzähle ich von unserem Leben auf dem Land und halte meine Inspirationen mit der Kamera fest. Nur zwei Jahre später kam mir die Idee zu einem kleinen Wohlfühllädchen mit dazugehörigem Online-Shop für schöne Wohnaccessoires. Dass mein Lädchen ebenfalls mitten auf dem Land ist, versteht sich natürlich von selbst.

Ein Jahr lang habe ich meine schönsten Dekoideen und leckersten Rezepte gesammelt und lade dich ein auf einen Streifzug durch mein Haus und meinen Garten zwischen Feldern und duftenden Wiesen.

Frühling
bei mir zu Hause

FRÜHLING MOODS

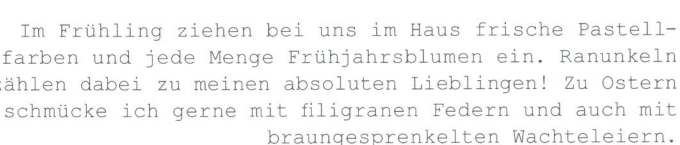

Im Frühling ziehen bei uns im Haus frische Pastell-
farben und jede Menge Frühjahrsblumen ein. Ranunkeln
zählen dabei zu meinen absoluten Lieblingen! Zu Ostern
schmücke ich gerne mit filigranen Federn und auch mit
braungesprenkelten Wachteleiern.

Wenn im Garten alles erwacht und die Vögel ihre Häuschen in Beschlag nehmen, ist der Frühling endlich da. Gelb, Weiß, Rosa, Blau … Jetzt mag ich es gerne bunt!

# Mein Frühling im Haus*

Im Frühling **erwacht** unser Häuschen
aus dem Winterschlaf und wir schaffen
Platz für Blumen und **frische Farben**.

Jetzt beginnt meine Lieblingsjahreszeit. Der Winter ist vorbei und warme Decken und Wollsocken werden für die nächsten Monate verstaut. Dafür hole ich leichte Plaids und Kissen in Frühlingsfarben und fröhlichen Designs hervor. Vor allem Pastelltöne mag ich besonders, weil sie so leicht und puderig wirken.

Kaum sind die ersten wärmeren Tage übers Land gezogen und die Sonnenstrahlen kitzeln auf der Nase, mache ich mich auf zum nächsten Blumenladen. Dort wandern jede Menge Frühjahrsblüher in meinen Korb, denn im Garten lugt das erste Grün noch sehr schüchtern aus der Erde. Besonders hübsch finde ich es, die kleinen Töpfe in Holzkisten, Porzellanschalen oder Tassen zu verteilen. Auch einzelne Blümchen kommen in kleinen Glaswindlichtern schön zur Geltung. Aufgehängt am Treppengeländer warten sie bereits hinter der Haustür und zaubern unseren Gästen und uns ein Lächeln ins Gesicht.

Unser Flur erstrahlt in fröhlichen Frühlingsfarben.

Das frische Grün des Schneeballs sieht nicht nur in Blumensträußen hübsch aus, sondern ist auch solo ein Hingucker. In einfachen Glaswindlichtern arrangiert, verschönert er rasch unser Treppengeländer.

## BLUMENKISTE ★ DIY

Diese Blumenkiste ist eine schöne Geschenkidee für deine Lieben.

*Du brauchst:*

★ Holzkiste
★ Acrylfarben
★ Pinsel
★ Stupfenpinsel
★ Folie
★ Blumenerde
★ Blumen

*So geht's:*

Streiche die Kiste mit Acrylfarbe an. Diesen Vorgang wiederholst du am besten zweimal, damit die Farbe gut deckt. Sobald die Kiste getrocknet ist, kannst du mit dem Stupfenpinsel die Punkte auftragen. Lass auch diese trocken werden, bevor du die Kiste mit Folie auslegst. Jetzt nur noch die Blumenerde einfüllen und mit deinen Lieblingsblumen bepflanzen.

FARBENPRACHT

Mein Rhabarbersaft schmeckt besonders
gut in prickelndem Mineralwasser oder
eiskaltem Prosecco.

# RHABARBERSAFT

*Du brauchst für ca. 2 Liter:*

★ 1 kg Rhabarberstangen
★ 1,5 l Wasser
★ 350 g Zucker
★ 2 TL Zitronensäure

*So geht's:*

Die Rhabarberstangen in 2 cm kleine Stücke schneiden. Währenddessen das Wasser aufkochen lassen. Nun gibst du den Rhabarber ins Wasser und lässt das Ganze etwa 15 Minuten kochen. Nicht umrühren, sonst wird der Saft trüb.

Anschließend den Rhabarber durch ein Sieb abseihen und die Flüssigkeit auffangen. Zucker und Zitronensäure zur Flüssigkeit hinzugeben und abermals unter Rühren aufkochen lassen, bis der Zucker sich aufgelöst hat.

Nun den Saft möglichst heiß in saubere Flaschen abfüllen und gut verschließen.

SÜSS & SPRITZIG

Nichts ist langweiliger als Couchtische aus dem Möbelhaus. Dieser hier ist schnell selbstgemacht, kostet wenig und hat einen tollen »Used-Look« (siehe Seite 20).

Wimpelgirlanden zaubern Leichtig-
keit vor größere Schränke.

Ich liebe es, mich mit einer Tasse Tee aufs Sofa zurückzuziehen,
wenn es im Frühjahr draußen noch zu frisch für den Liegestuhl
ist. Von hier aus lässt sich die Sonne trotzdem schon genießen,
denn durch die Sprossenfenster fällt immer genügend Licht
hinein. Eingehüllt in ein blumiges Plaid kann ich prima von duftenden Fliederbüschen und dem ersten Stück Kuchen auf der
Terrasse träumen. Unsere weißen Sofas und Sessel sind übrigens
sehr pflegeleicht, da sie sich problemlos abziehen und waschen
lassen. Man braucht also keine Angst vor dreckigen Hundepfoten
oder Schokoladenflecken zu haben.

Ich habe ein echtes Faible
für hübsche Tassen und
besitze wohl so viele, dass
ich unser gesamtes Dorf
damit versorgen könnte. Sagt
zumindest mein Mann.

Taschen eignen sich auch als Aufbewahrungs-
möglichkeit für Kissen und Co.

Hier habe ich Perlhuhnfedern
einfach unter einer Glas-
glocke arrangiert. Das sieht
nicht nur zu Ostern toll aus!

# COUCHTISCH ★ DIY ✂

Individuelle Couchtische sind viel schöner als die im Möbelhaus angebotenen.

## Du brauchst:

★ Palette
★ 4 Möbelrollen
★ Akkuschrauber
★ Schrauben
★ Schleifpapier

## So geht's:

Die Palette saubermachen und eventuelle raue Stellen glatt schleifen. Nun legst du die Palette auf den Kopf und schraubst an den vier äußeren Ecken die Möbelrollen fest. Durch die Rollen wird die Palette ein wenig erhöht und du kannst sie bequem hin- und herrollen.

INDIVIDUELL

Rosa Ranunkeln sind einfach
wunderhübsch.

Wenn man verschiedene
Blümchen auf eine Länge
schneidet und locker in
einem weißen Emaille-
krug arrangiert, sieht
das viel schöner aus als
jeder gekaufte Strauß.

Wir haben die Sträucher für unseren Garten damals so ausgewählt,
dass wir viele Monate im Jahr unterschiedliche Blumen für die Vase
haben. Zu Beginn des Jahres gibt der Garten noch nicht viel her,
sodass ich mir gerne vom Markt oder Blumenladen welche mit nach
Hause bringe. Allerdings lasse ich mir eigentlich nie Sträuße mit
üppigem Grün drumherum binden. Viel schöner sind einzelne Blüten-
stengel verschiedener Sorten, die ich dann einfach zusammen in
Krüge oder Gläser stelle. Das sieht aus wie »einmal durch den Garten
gegangen« und günstiger ist es auch noch. Die Kombination von rosa
Ranunkeln, grünem Schneeball und violetten Anemonen finde ich
besonders reizvoll.

# WEIDENKRANZ ★ DIY
## mit Wachteleiern

Mit ein paar Wachteleiern veredelst du im Nu einen schlichten Weidenkranz.

*Du brauchst:*

★ Weidenkranz
★ Wachteleier
★ Heißkleber

*So geht's:*

Die Wachteleier an Spitze und Boden vorsichtig lochen, auspusten und saubermachen. Wenn die Eier getrocknet sind, diese dann an geeigneter Stelle mithilfe der Heißklebepistole am Weidenkranz befestigen. Schon fertig!

OSTERDEKO

Dieses Wachtelei ist mir leider aus der Hand gefallen. Aber auch die zerbrochene Eierschale sieht als Dekoration einfach großartig aus.

Meine selbsthergestellten Holzbuchstaben fertige ich nicht nur für
meine Kunden, sondern auch gerne für unser Zuhause und dekoriere sie
zu den jeweiligen Jahreszeiten immer wieder um.

Das Schränkchen
habe ich bei den
Großeltern meines
Mannes auf dem
Dachboden ent-
deckt. Ich habe es
nur gereinigt, denn
es hat eine tolle
Patina, die ich auf
keinen Fall über-
streichen wollte.

# MÖHREN ★ DIY

✂

Nicht zum Anbeißen, aber zum immer wieder Anschauen sind diese Möhren gedacht.

*Du brauchst:*

| | |
|---|---|
| ★ Papier | ★ Heißkleber |
| ★ Juteband | ★ Klebeband |
| ★ Heu | ★ Schere |

*So geht's:*

Schneide dir ein Stück quadratisches Papier zu, rolle es zu einer Eistüte und fixiere diese mit Klebeband. Nun knotest du das Juteband am unteren Ende der Tüte fest und wickelst es bis ans obere Ende dicht um die Tüte herum. Jetzt kannst du das Band abschneiden und das Ende mit Heißkleber am Papier fixieren. Damit unten kein Papier mehr zu sehen ist, klebe das untere Ende des Jutebands mit Heißkleber drumherum. Zum Schluss einfach ein Büschel Heu in die Tüte stecken.

FÜR OSTERHASEN

# VASEN ★ DIY
## aus Einmachgläsern

Bunte Vasen kannst du ganz leicht in deiner Lieblingsfarbe selbst gestalten.

*Du brauchst:*

★ Einmachgläser
★ Acrylfarbe
★ Pinsel
★ Schleifpapier

*So geht's:*

Du lackierst die sauberen Einmachgläser mit Acrylfarbe. Am besten machst du zwei Lackierdurchgänge, damit die Farbe auch schön deckt. Gut trocknen lassen. Mit Schleifpapier vorsichtig anschleifen, um den tollen Used-Effekt zu bekommen.

CHARMANT

Na klar, wenn draußen die Sonne aus allen Knopflöchern scheint, dann hält mich in meiner Freizeit eigentlich nichts mehr im Haus. Allerdings mag ich es auch, bei schönem Wetter die Zimmer auf Vordermann zu bringen. Durch die offenen Fenster weht eine frische Frühlingsbrise hinein und aus dem Radio trällert meine Lieblingsmusik. Das bringt Laune, sag' ich dir! Im Nu ist das Haus tiptop sauber und neu dekoriert. Ich weiß, es gibt Schöneres als den Frühjahrsputz, aber mit der richtigen Einstellung geht er umso leichter von der Hand.

Für meine Lieblingsblümchen finde ich überall ein hübsches Plätzchen. Sie müssen ja nicht immer nur auf dem Tisch stehen.

Die alte Kommode im Hintergrund war der erste Tresen in meinem Lädchen, bis sie irgendwann zu klein wurde. Sie macht sich aber auch im Haus ganz gut.

# Mein Frühling im Garten*

Ich weiß, dass der Frühling da ist, wenn die Luft nach den **ersten Gänseblümchen** duftet. Einfach himmlisch!

Den Frühling in unserem Garten zu erleben, hat für mich jedes Jahr aufs Neue etwas Magisches. Die Luft ist morgens kalt und die Sonne blinzelt noch etwas schüchtern vom Himmel, aber man kann bereits dabei zusehen, was sie mit der Natur macht. Alles erwacht langsam, die ersten Pflanzen strecken vorwitzig ihre Nasen durch die Erde und die Knospen am Apfelbaum werden zu wunderschönen Blüten.

Meine Islandstute Elja begleitet mich bereits seit 20 Jahren. Im Frühling genießt sie die ersten Sonnenstrahlen, aber noch viel lieber mag sie kaltes Winterwetter.

Im Bauerngarten gibt es das ganze Jahr über was zu tun. Es wird bald Zeit, den Buchsbaum zu schneiden und die Gemüsepflanzen ins Freie zu setzen.

# GIESSKANNE mit Serviettentechnik ★ DIY

So wird mit Serviettentechnik aus einer schlichten Gießkanne ein echter Blickfang für den Garten.

### Du brauchst:

★ Gießkanne

★ Papierserviette

★ weichen Pinsel

★ Schere

★ Serviettenkleber

### So geht's:

Schneide dir das gewünschte Motiv aus der Serviette aus. Ziehe nun die oberste Serviettenlage vorsichtig ab. Wähle die gewünschte Motivstelle auf deiner Gießkanne und pinsele dort den Untergrund mit Serviettenkleber ein. Lege anschließend die Serviettenlage auf. Mithilfe des Pinsels verteilst du nun vorsichtig von der Mitte aus den Kleber, um das Motiv zu versiegeln. Gut trocknen lassen.

EINDRUCKSVOLL

# PFLANZTISCH ✲ DIY
## mit alter Tür

Da mir an meinem Pflanztisch Platz fehlte, habe ich ihm einfach eine alte Tür als Rückwand verpasst.

### Du brauchst:

★ alte Tür
★ Pflanztisch
★ Haken
★ Akkuschrauber
★ Schrauben

### So geht's:

Schraube die Wandhaken an den gewünschten Stellen der Tür fest. Lehne die Tür an einer Wand an und stelle den Pflanztisch davor. So kann die Tür nicht umfallen und du musst sie nicht an der Wand befestigen. Nun kannst du Schaufel, Schere und Garn an ihrem neuen Platz anbringen und hast alles in bequemer Höhe stets griffbereit.

RUSTIKAL

Ich gebe es gerne zu: Ich bin ein echtes Landei! Ich bin glücklich, wenn in der Früh die ersten Vögel anfangen, ihr Lied zu zwitschern, auf den Feldern die Traktoren ihre Bahnen ziehen und die Luft frisch und klar ist. Stress kann ich wunderbar beim Buddeln in der Erde abbauen und das tägliche Blumengießen ist mein persönliches Yoga. Wenn am Abend der Rücken ein wenig zwickt, die Hände ordentlich schmutzig sind und ich mit einem Glas Rotwein auf der Terrasse sitze, dann war es in meinen Augen ein perfekter Tag.

Ein zweites Leben für die alte Küchenwaage: Blümchen-podest im Garten.

Ich liebe es, in meinem Garten immer wieder verwunschene Plätze zu erschaffen, um von dort aus den Blick schweifen und die Gedanken fließen zu lassen.

„Leben allein
genügt nicht, sagte
der Schmetterling.
Sonnenschein,
Freiheit und eine
kleine Blume muss
man auch haben."

Hans Christian Andersen

Zu Ostern gehört für mich unbedingt buntes Geschirr. Ich habe mich hier für grünes Porzellan mit weißen Punkten entschieden. Das macht gute Laune und die ganzen Köstlichkeiten schmecken nochmal so gut.

Ostern ist doch am Schönsten, wenn die Sonne scheint. Ich weiß, das kann man sich natürlich nicht aussuchen. Es gab schon Jahre, da mussten wir die Eier im Schnee verstecken und statt eines prickelnden Proseccos gab es heißen Punsch zum Anstoßen. Aber wenn das Wetter es gut mit uns meint, dann liebe ich es, den Tisch auf der Terrasse zu decken und unser Osterfrühstück dort zu genießen. Ich trage verschiedene selbstgemachte Leckereien nach draußen und suche passendes fröhliches Geschirr heraus. Als Dekoration genügen ein paar bunte Blumen, Wachteleier und meine geliebten Holzhäschen. Hast du schon einmal Rosinenbrötchen selber gemacht? Nein? Dann musst du es unbedingt probieren und sie am besten noch lauwarm genießen.

Rosinenbrötchen mit Quark und Marmelade – köstlich!

## ROSINENBRÖTCHEN

*Du brauchst für ca. 8 Brötchen:*

★ 250 g Mehl

★ 25 g Zucker

★ ½ TL Salz

★ 100 ml lauwarme Milch

★ 20 g Hefe

★ 25 g weiche Butter

★ 100 g Rosinen

★ 1 Ei

★ Kondensmilch zum Bestreichen

*So geht's:*

Zuerst siebst du das Mehl und gibst Zucker und Salz dazu. Gib die lauwarme Milch in eine Tasse, brösele die Hefe hinein und rühre so lange, bis sich die Hefe aufgelöst hat. Nun gibst du die Hefemischung, die Butter, die Rosinen und das Ei zum Mehl und verknetest alles mit der Hand zu einem glatten Teig. Den Teig zugedeckt an einem warmen Ort ca. 45 Minuten gehen lassen, bis sich sein Volumen verdoppelt hat.

Nun nochmals kurz durchkneten und den Teig zu einer Rolle formen, die du in acht Stücke teilst. Hieraus formst du die Rosinenbrötchen. Lege sie anschließend, nicht zu dicht, auf ein mit Backpapier ausgelegtes Backblech und lasse sie nochmals 15 Minuten gehen.

Dann bestreichst du sie mit etwas Kondensmilch und backst sie bei 200 Grad im vorgeheizten Backofen ca. 10-12 Minuten, bis die Oberfläche eine goldbraune Farbe angenommen hat.

LECKERBISSEN

Pflanzgefäße mit
feinen Reisigzweigen
umwickelt sehen
schön natürlich aus
und passen wunderbar
zu dem sonnigen Gelb
der Narzissen.

# HERZHAFTE SPIEGELEIER-MUFFINS

*Du brauchst für 4 Stück:*

★ 4 Scheiben Toastbrot
★ 4 Eier Größe S
★ 4 Scheiben Bacon
★ weiche Butter
★ Salz
★ Pfeffer

*So geht's:*

Die Toastbrotscheiben rollst du mit einer Teigrolle möglichst dünn aus, bestreichst sie von einer Seite mit weicher Butter und legst sie mit der gebutterten Seite in ein gefettetes Muffinblech.

Jetzt legst du in die Muffinform auf den Toast eine Scheibe Bacon und schlägst vorsichtig ein Ei hinein. Wichtig ist, dass du möglichst kleine Eier nimmst, damit sie auch in die Vertiefung des Blechs passen und nicht über dessen Rand laufen.

Im vorgeheizten Backofen bei 180 Grad etwa 10-15 Minuten backen. Danach kurz abkühlen lassen und vorsichtig aus dem Muffinblech herausnehmen. Nach Geschmack mit Salz und Pfeffer würzen.

EI MAL ANDERS

Hornveilchen blühen bis
in den Sommer hinein.

Die Osterdekoration muss für mich vor allem schlicht und einfach sein.
Ich mag weder bunte Osterhasen, noch Plastikeier zum Aufhängen
in quietschigen Farben. Besonders hübsch finde ich Wachteleier und
Perlhuhnfedern, die ich hier und da verteile. Auch beim Eierfärben
habe ich mich jahrelang mit den vielen Knallfarben schwer getan und
war mir immer unsicher, ob das wirklich gesund ist. Heute färbe ich
einfach mit Naturmaterialien. Das verleiht den Eiern eine zarte Farbe
und ist gesundheitlich völlig unbedenklich.

Die süßen Holzhasen sind jedes Frühjahr das Highlight in meinem Lädchen.
Ich mag ihre schlichte Schönheit.

OVALE SCHÖNHEIT

# NATÜRLICH GEFÄRBTE EIER ★DIY ✂

Mit Lebensmitteln lassen sich die schönsten Ostereier färben.

*Du brauchst:*

★ weiße Bio-Eier
★ Essig
★ 1 l schwarzen Johannisbeernektar
★ 1 Glas eingelegte rote Beete
★ Wasser
★ 400 g Blattspinat

*So geht's:*

Die Eier reibst du mit etwas Essig ab. Dadurch wird die Schale rauer und nimmt die Farbe besser an.

**Blau:** Den Johannisbeernektar aufkochen und die rohen Eier 10 Minuten darin kochen lassen.

**Rot:** Die rote Beete mit dem Sud aufkochen und die rohen Eier 10 Minuten darin kochen lassen.

**Gelb:** Den Blattspinat in einem Topf mit Wasser bedecken und etwa ½ Stunde köcheln lassen. Dann die rohen Eier dazugeben und 10 Minuten darin kochen lassen.

„ Gib **jedem Tag**
die Chance,
der **schönste**
deines Lebens
zu werden. "

Mark Twain

Kleine Kürbisse passen zu jeder herbstlichen Tischdekoration. Ich mag sie am liebsten in Weiß und Dunkelgrün.

Die Farben der Stoff-servietten sollten sich möglichst im Geschirr oder in Dekoelementen, die auf dem Tisch ver-teilt sind, wiederfinden.

Wer sagt eigentlich, dass man nur im Sommer draußen feiern kann? Mit der richtigen wärmenden Kleidung und den passenden Leckerbissen funktioniert das im Herbst mindestens genauso gut. Ein Herbstfest zu feiern ist ganz einfach. Man lädt sich liebe Menschen ein, zaubert etwas Leckeres zu essen und trägt alles, was das Herz begehrt, nach draußen in den Garten. So machen wir es jedenfalls. Je ungezwungener, umso schöner.

Geschirrtücher müssen in meinen Augen zwei Dinge können: gut abtrocknen und schön aussehen. Dann sind sie nicht nur ein notwendiges Küchenutensil.

Der Moschuskürbis sieht nicht nur hübsch aus, sondern er schmeckt auch fantastisch als Suppe oder Gemüsebeilage. Bis es aber soweit ist, vervollständigt er draußen das Herbstambiente.

Da es zum längeren Sitzen eventuell zu kalt sein könnte, habe ich einfach eine Art Stehtisch gedeckt. Hier steht alles beisammen, was wir benötigen: der heiße Topf mit der dampfenden Suppe, Besteck und Suppenschälchen, Wein und Gläser, kleine Teller für den Nachtisch. Nun kann sich jeder unserer Gäste nach Herzenslust bedienen. Die Dekoration mit Naturmaterialien besteht zum größten Teil aus Kürbissen und Kastanien. Aber auch herbstliche Blumen, Blätter und Gräser dürfen nicht fehlen.

Ein einfacher Korb mit verschiedenen herbstlichen Topfpflanzen ist für mich viel schöner, als jeder gekaufte Blumenstrauß.

Diese Kartoffel sieht doch ein bisschen aus
wie ein Herz, oder? Im Grunde viel zu schade,
um sie für unsere Suppe zu verwenden.

Orange und Gelb
gehören nicht
unbedingt zu
meinen Lieb-
lingsfarben,
aber an Blüten
und Blättern
finde ich sie im
Herbst richtig
hübsch.

Hast du auch ein Lieblingsblatt? Meines ist das
des Ahorns. Ich mag die Färbung und die Form sehr.
Gut, dass wir einen Ahornbaum im Garten haben!

Wenn du nun schon fleißig dein eigenes Herbstfest planst und über-
legst, welche Leckerbissen du deinen Gästen am besten servieren
kannst, dann kann ich dir eine deftige, herzhafte Suppe ans Herz
legen. Die kannst du problemlos schon am Tag zuvor vorbereiten und
musst sie dann am Tag des Festes nur noch kurz heiß werden lassen
und nach draußen tragen. Außerdem wärmt sie deine Gäste von innen und außen, denn um das dampfende Suppenschälchen kann man
praktischerweise auch prima die kalten Hände schmiegen. Am liebsten mag ich Gemüsesuppen. Meist benötigt man als Hauptzutat nur
ein oder zwei regionale Gemüsesorten, die man ohne Aufwand auf
dem Wochenmarkt bekommt oder sogar im eigenen Garten ernten
kann. Meine Großeltern hatten früher Kartoffelfelder und ich erinnere
mich noch an die gemeinsame Ernte, obwohl das schon lange her ist.
Den Duft von warmer Erde liebe ich wohl deshalb bis heute so sehr.

Eine heiße Suppe eignet
sich prima als Essen
für eine lockere Steh-
party, da man nur sein
Schälchen und einen
Löffel braucht.

Ein uriger Emaille-
kochtopf sieht viel
schöner aus, als der
teuerste Hightech-
Topf. Es gibt sie
mittlerweile auch
schon neu zu kaufen.

# KOHLRABI-KARTOFFEL-SUPPE

*Du brauchst für 4 Personen:*

★ 1 große Zwiebel

★ 2 große Kohlrabis

★ 750 g Kartoffeln

★ 1 l Gemüsebrühe

★ 200 g Kräuter-Schmelzkäse

★ 150 g Schmand

★ 100 g gewürfelten Katenschinken

★ Petersilie

★ Salz und Pfeffer

★ Muskatnuss

*So geht's:*

Kohlrabis und Kartoffeln schälen, waschen und in Würfel schneiden. Die Zwiebel ebenfalls in Würfel schneiden und in etwas Öl anbraten. Kohlrabis und Kartoffeln dazugeben und auch kurz mit anbraten. Das Ganze mit Gemüsebrühe ablöschen und bei mittlerer Hitze ca. 15 Minuten köcheln lassen, bis das Gemüse gar ist. Nun schöpfst du zwei Kellen Gemüse aus der Suppe und stellst sie beiseite. Der Rest wird püriert. Gib anschließend das abgeschöpfte Gemüse wieder dazu und rühre Schmelzkäse und Schmand unter.

Mit Muskatnuss, Salz und Pfeffer abschmecken. Gib auch etwas gehackte Petersilie dazu. Dann brätst du den Speck in einer beschichteten Pfanne an, bis er schön knusprig ist. Die Suppe in Schälchen füllen und mit einem Klecks Schmand, Speck und Petersilie anrichten.

HEISS & LECKER

KNACKIG & SÜSS

# SCHOKO-APFEL
## am Stiel

*Du brauchst für 6 Stück:*

★ 6 Äpfel (Elstar)
★ 100 g Zartbitter-Kuvertüre
★ gehackte Mandeln
★ kleine Äste vom Obstbaum

*So geht's:*

Die Äpfel waschen und sorgfältig abtrocknen. Das ist wichtig, damit die Kuvertüre gut am Apfel hält.

Die Kuvertüre langsam über dem Wasserbad schmelzen lassen. Achte darauf, dass kein Wasser in die Kuvertüre spritzt und sie nicht anfängt zu kochen, da sich sonst leicht Klumpen bilden.

In der Zwischenzeit kannst du die Stiele der Äpfel entfernen und mit einem Korkenzieher vorsichtig ein Loch in jeden Apfel hineinbohren. Nun spießt du sie mit den Ästen auf. Die Äste, die ich genommen habe, stammen von unserem Birnbaum.

Nun tauchst du die Äpfel in die geschmolzene Schokolade und stellst sie auf einen Bogen Backpapier.

Wenn die Schokolade leicht abgekühlt ist, wälzt du sie vorsichtig in den gehackten Mandeln.

Am besten über Nacht auskühlen lassen.

Partynachtisch mal anders: Diese schnell
zubereiteten Schoko-Äpfel machen ordentlich
was her und schmecken köstlich.

Als krönenden Abschluss für unser Herbstfest habe ich mir eine
(fast) gesunde Nachtischvariante überlegt. Momentan haben wir
immer viele Äpfel im Haus, denn die Bäume hängen tüchtig voll und
man kommt mit der Verarbeitung kaum hinterher.

Die beste Apfelsorte für meinen Nachtisch ist der Elstar. Die Früchte
sind herrlich saftig und ein ganz kleines bisschen säuerlich, sodass
sie prima zur süßen Schokolade passen. Hast du es schon erraten?
Richtig, es gibt Schoko-Äpfel! Als Kind habe ich sie geliebt und mir
immer einen von der Kirmes mitgebracht. Heute mache ich sie lieber
selber, denn dann weiß ich, welcher Apfel drinsteckt – und ratzfatz
gemacht sind sie auch. Bei unseren Gästen kommt dieser Nachtisch
immer unglaublich gut an, denn auch wenn man eigentlich schon
satt vom Hauptgericht ist, so passt ein kleiner Apfel doch immer
noch irgendwie.

Ein Korb mit Äpfeln ist
auch ein Augenschmaus.

Winter
bei mir zu Hause

WINTER MOODS

In den Wintermonaten mag ich besonders die Farbe Rot. Überall bei uns im Haus findet man sie in Form von verschiedenen Dekoelementen wieder. Die perfekte Ergänzung dazu sind unterschiedliche Naturmaterialien in warmen Erdtönen.

Meine Deko-
ration im
Garten und
vor der Haus-
tür ist im
Winter genau-
so reduziert,
wie es die
Natur jetzt
vorgibt. Da
reicht oft
ein wenig
Tannengrün,
um ein paar
rustikale
Holzsterne
gekonnt in
Szene zu
setzen.

# Mein Winter im Haus*

Zu keiner anderen Jahreszeit sieht unser Zuhause so heimelig aus wie im Winter. Überall brennen Kerzen und Lichter.

Sobald es Richtung Dezember geht, warte ich auf Schnee. Winter und Schnee – das gehört für mich einfach zusammen. Leider lässt sich die weiße Pracht nicht immer bei uns in der Region blicken. Umso wichtiger ist es dann für mich, unser Zuhause besonders kuschelig und gemütlich zu gestalten. Wenn man mit rotgefrorener Nase nach Hause kommt und es bereits an der Haustür nach Tanne duftet, dann ist meine Welt in Ordnung.

Ob das süße Metallschild beim Weihnachtsmann Eindruck schindet? Versuchen kann man es ja mal!

Ein Nikolausstiefel beherbergt nicht nur am 6. Dezember Apfel, Nuss und Mandelkern, sondern ist auch für die restliche Weihnachtszeit eine schöne Dekoration.

# SCHNEEKUGEL ★ DIY ✂

Eine Schneekugel ist eine wunderschöne und außergewöhnliche Geschenkidee zu Weihnachten.

*Du brauchst:*

★ Schraubverschlussglas
★ Plastiktier, z.B. Hirsch
★ Destilliertes Wasser
★ Spülmittel
★ Schnee für Schneekugeln
★ Spitzenband
★ Schere
★ Heißkleber

*So geht's:*
Gib unter die Füße des Hirsches jeweils etwas Heißkleber, befestige ihn im Deckel des Schraubverschlussglases und warte, bis der Kleber festgeworden ist.

Im Anschluss gibst du den Schnee, einen Tropfen Spülmittel und destilliertes Wasser in das Glas. Den Deckel festschrauben und direkt schütteln, damit sich Spülmittel und Schnee gut im Wasser verteilen.

Damit man nicht auf den weniger schönen Blechdeckel gucken muss, gibst du nun Heißkleber auf den Rand und befestigst die hübsche Spitze drumherum.

Sieht einfach toll aus, oder?

Eine Schneekugel macht sich besonders im Schlafzimmer gut. Dann kann man anstatt Schäfchen auch mal Schneeflocken zählen.

LET IT SNOW

Dicke Wollsocken,
ein heißer Tee und
kuschelige Wärme —
so beginnt ein per-
fekter Wintermorgen.

„ In jedem **Winter** steckt ein zitternder Frühling,
und hinter dem Schleier jeder Nacht
verbirgt sich ein lächelnder **Morgen**. „

Khalil Gibran

Wärmende Decken kann
man nie genug haben.

## NACHTTISCH
### »SYLT« ★ DIY

Nachttische sind oft ein bisschen spießig. Deshalb habe ich mir diese Holzkisten-variante ausgedacht.

### Du brauchst:

★ Holzkiste
★ weiße Acrylfarbe
★ Buchstaben- und Zahlenschablonen
★ Pinsel

### So geht's:

Mein Nachttisch sollte mich an Ur-laub und Meer erinnern. Deshalb habe ich mich für eine Beschriftung mit maritimem Touch entschieden.

Lege die Buchstaben- und Zahlen-schablonen auf die Längsseite der Holzkiste und male sie mit Pinsel und Farbe aus.

Gut trocknen lassen und dann auf die linke kurze Seite stellen, so-dass du auf der anderen kurzen Seite deine Nachttischlampe plat-zieren kannst. Im Innern der Kiste ist nun für viele Bücher und Zeit-schriften Platz.

So lässt es sich am Wochenende mit einer Tasse Tee gemütlich in den Tag starten.

URLAUBSTRAUM

Im Schlafzimmer mag ich ausschließlich ruhige Farben.
Am liebsten sind mir Weiß- und Erdtöne.

Alte aufeinandergestapelte
Hutschachteln bilden den Nachttisch meines Mannes.

Das Schlafzimmer wird in Gestaltungsfragen häufig vernach-
lässigt. Die meiste Zeit hält man sich im Dunkeln darin auf und
hat dabei die Augen geschlossen. So sehen es zumindest einige.
Völlig zu unrecht, wie ich finde, denn für mich ist es sehr wichtig,
dass man es sich auch hier schön und gemütlich macht. Ruhige
Farben und eine warme Atmosphäre entspannen nicht nur nach
einem anstrengenden Tag, sondern fördern auch das Einschla-
fen. Und was gibt es Schöneres, als morgens aufzuwachen und
sich direkt wohlzufühlen und nicht zu denken, dass man noch
Unmengen an Wäsche hat, da das Bügelbrett mitten im Raum
steht oder der Staubsauger neben dem Kleiderschrank auf seinen
nächsten Einsatz wartet?

Der alte Frisiertisch gehörte einst der Oma meines Mannes. Ich habe ihn vor dem Sperrmüll gerettet und ihm ein neues Aussehen in frischem Weiß verpasst. Der Shabbylook gelingt ganz einfach mit ein wenig Schleifpapier.

Für kreative Spontaneinfälle liegt
immer ein Notizbuch bereit.

Der dänische Schriftzug aus Metall ist
mal ein Adventskranz der anderen Art.

Die Holzsterne fertige ich selbst
für mein kleines Lädchen an.

In unser Schlafzimmer ziehe ich mich auch gerne zurück, wenn ich mal ein wenig Abstand vom trubeligen Alltag brauche. Hier herrscht immer eine friedliche Stimmung, die mich sofort entspannt. Manchmal lese ich ein gutes Buch oder notiere mir Ideen für mein Lädchen oder meinen Blog im stets bereitliegenden Notizbuch, die mir am Tag eingefallen sind. Und manchmal sitze ich auch nur so da und schaue aus dem Fenster. Von hier oben hat man einen wunderbaren Blick bis zum Teutoburger Wald und natürlich auch in unseren Garten. Nicht selten kommen mir hier neue Gestaltungsideen für unser Fleckchen Erde, die ich dann freudestrahlend meinem Mann mitteile. Dass der davon nicht immer so begeistert ist wie ich, kannst du dir sicher vorstellen. Hier kam mir auch der Geistesblitz mit der Apfelrosenhecke am hinteren Teil des Grundstücks, die heute keiner von uns mehr missen will, da sie zu jeder Jahreszeit schön und romantisch ist.

Zu einem festlich gedeckten Tisch, gehört für mich auch immer der Duft nach Tannengrün. Der große Kranz in der Ecke des Zimmers hüllt den ganzen Raum in einen wunderbaren Weihnachtsduft.

# MINI-WEIHNACHTSBAUM ★ DIY

Für jeden deiner Gäste gibt es einen eigenen kleinen Weihnachtsbaum.

### Du brauchst für 4 Bäumchen:

★ Ast

★ Tannenzweige

★ Säge

★ Akkuschrauber

★ Gartenschere

★ Heißkleber

### So geht's:

Säge dir aus dem Ast etwa vier fingerdicke kleine Baumscheiben zurecht. In die Mitte jeder Scheibe bohrst du nun mit dem Akkuschrauber ein kleines Loch.

Vom Tannenzweig schneidest du dir die kleinen äußeren Spitzen ab. Auch davon benötigst du vier Stück. Entferne nun von jedem Minizweig die unteren Tannennadeln.

Gib in das Loch der Baumscheibe einen Tropfen Heißkleber, stecke den Zweig hinein und halte ihn so lange fest, bis der Kleber festgeworden ist. Fertig ist dein eigener kleiner Wald.

Die Glocken sind mit einer Sicherheits-
nadel an der Stuhlhusse befestigt.

Die großen Pinienzapfen hat mir meine
Mutter vor vielen Jahren aus Italien
mitgebracht und sie sind in jedem
Winter wieder die perfekte Dekoration.

Ein festlich gedeckter Tisch hat für mich nichts mit weißen
Tischdecken oder schwerem Silber zu tun. Ich mag auch hier die
Natürlichkeit, die von Zapfen, Tannengrün, Lärchenzweigen und
getrockneten Orangenscheiben ausgeht. Dazu lege ich Tisch-
wäsche aus grobem Leinen auf. Bei den Platzsets habe ich mich
in diesem Jahr für Baumscheiben entschieden. Die bekommt
man im Sägewerk, im Holzmarkt oder du fragst bei Bekannten
nach, die ihr Brennholz selber machen. Auf den rustikalen Scheiben kommt das schöne Porzellan toll zur Geltung. Dazu braucht
es nur noch ein paar kleine Teelichter oder Kerzen und schon
erstrahlt der gedeckte Wintertisch in warmen Farben.

Kleine Holzsterne sind eine
wunderbare Tischdekoration.

# FILET IM SPECKMANTEL
## mit Omas Bohnensalat

*Du brauchst für 9 Personen:*

**Für das Fleisch**

★ 500 g Schweinefilet

★ 16 Scheiben Frühstücks Bacon

★ 400 ml Sahne

★ 400 ml Schmand

★ 250 g frische Champignons

★ Ketchup

★ Senf

★ Curry

★ Salz und Pfeffer

★ Petersilie

**Für den Salat**

★ 2 große Dosen Prinzessbohnen

★ 200 ml Sahne

★ 1 Zwiebel

★ 1 EL Essig

★ Salz und Pfeffer

★ Zucker

*So geht's:*

Das Schweinefilet abwaschen, trocken tupfen und in 16 gleich große Medaillons schneiden. Nun die Medaillons mit Senf einreiben und mit je einer Scheibe Frühstücks Bacon umwickeln. Das umwickelte Filet in eine gefettete Auflaufform geben.

Die Champignons putzen, in Scheiben schneiden und über den Medaillons verteilen.

Nun verrührst du für die Sauce die Sahne mit dem Schmand und würzt kräftig mit Ketchup, Curry, Salz und Pfeffer. Die gehackte Petersilie dazugeben und über dem Fleisch verteilen.

Im vorgeheizten Backofen bei 175 Grad Umluft ca. 60-80 Minuten garen. Sollte dir das Fleisch zu dunkel werden, decke die Auflaufform mit Alufolie ab.

Dazu schmeckt mir Reis sehr gut.

Für den Salat die Prinzessbohnen abgießen und die Zwiebel in Würfel schneiden. Die Sahne mit dem Essig, einer Prise Zucker und den Zwiebelwürfeln vermengen. Mit Salz und Pfeffer würzen. Nun hebst du vorsichtig die Bohnen unter. Am besten über Nacht durchziehen lassen.

GAUMENFREUDE

Unser kuscheliges Weihnachtshaus empfängt uns und unsere
Gäste bereits im Flur im winterlichen Ambiente.

# ADVENTSKRANZ ★ DIY
mit getrockneten Orangenscheiben

## Du brauchst:

★ Tablett, z.B. in Sternform

★ Stumpenkerzen

★ Kerzenteller

★ Zahlenanhänger von 1 bis 4

★ Paketschnur

★ Tannenzweige

★ Zimtstangen

★ Tannenzapfen

★ 1-2 Orangen

## So geht's:

Schneide die Orange in Scheiben und lege sie auf ein mit Backpapier belegtes Rost. Nun bei ca. 75-100 Grad im Backofen zwei bis drei Stunden trocknen lassen und dabei die Backofentür einen Spalt geöffnet lassen. Das Tablett bestückst du mit den Stumpenkerzen, die du zuvor auf die Kerzenteller gestellt hast. Achte darauf, dass du nicht zu kleine Kerzen auswählst, damit sie möglichst den ganzen Advent über halten. Binde mithilfe der Paketschnur die Zahlenanhänger an die Kerzen.

Nun steckst du die Tannenzweige zwischen die Kerzen und arrangierst sie so, dass sie auch über den Tablettrand ragen. Achte darauf, dass sie nicht in die Nähe der Kerzenflammen gelangen. Jetzt kannst du nach Herzenslust Zapfen, Orangenscheiben und Zimtstangen auf dem Tannengrün verteilen.

STIMMUNGSVOLL

138

Die süßen Wichtel stammen aus Skandinavien und feiern jedes Jahr das Weihnachtsfest mit uns zusammen.

Was sich wohl hinter dieser Tür versteckt?

Gleich hinter der Eingangstür beginnt unser weihnachtlich geschmücktes Haus. Es heißt uns und unsere Gäste willkommen und gibt durch die Doppelflügeltür bereits einen Blick auf den Weihnachtsbaum frei. Ich habe eine kuschelige Sitznische geschaffen, die eigentlich zum Schuhe an- und ausziehen gedacht ist. Aber hier lässt es sich auch prima telefonieren. Kissen liegen ebenfalls bereit, wenn das Telefonat mit der Freundin mal wieder etwas länger dauert.

# TREPPENGIRLANDE ★ DIY

Es sieht so schön festlich aus, wenn die Treppe in ein weihnachtliches Gewand gehüllt wird.

### Du brauchst:

★ Tannenzweige
★ Weihnachtsbaumkugeln
★ Seil aus Naturfaser
★ Blumendraht
★ Nylonfaden
★ Gartenschere

### So geht's:

Schneide die Tannenzweige zu ca. 15 cm langen Stücken zurecht. Nimm mehrere Zweige zu einem kleinen Sträußchen zusammen und binde es mit dem Blumendraht fest an das Seil. Es ist wichtig, dass du die Sträuße rund um das Seil herumbindest, damit dieses später nicht mehr zu sehen ist.

Gehe so weiter vor, bis du die gewünschte Girlandenlänge erreicht hast. Achte nur darauf, dass du die kleinen Sträuße fest an das Seil bindest, damit sich später beim Aufhängen der Girlande keine davon lösen. Nun bringst du die Girlande mithilfe des Nylonfadens am Treppengeländer an und dekorierst sie mit hübschen Weihnachtsbaumkugeln. Die Kugeln habe ich ebenfalls mit Nylonfaden festgebunden.

DEKOZAUBER

# Mein Winter im Garten*

Wenn es im Winter endlich
geschneit hat, dann hält mich
nichts mehr im Haus.

Gibt es etwas schöneres, als am Morgen aus dem Fenster zu schauen und die Welt hat sich wie durch Zauberhand in ein wunderbares Winterwunderland verwandelt? Alles ist überzuckert und sieht so friedlich aus. Man erkennt im Garten anhand der Spuren, dass in der Nacht ein Häschen zu Besuch war. Unter den Schuhen knirscht der Schnee und die Flocken tanzen einem um die Nase. Duftet es draußen nicht herrlich nach Schnee?

# TÜRKLINGEL ★ DIY ✂

Mein Wunsch war es, eine Türklingel zu haben, die anders ist als die anderen.

## Du brauchst:

★ Metallschild

★ Klingelknopf

★ Akkuschrauber

★ Schrauben

## So geht's:

Suche dir ein passendes Metallschild aus, das in Form und Größe gut zu Hauswand und Eingangstür passt. Ich habe mich für eines entschieden, das einst an unserem Gartentor hing und unsere Gäste auf Französisch »Willkommen« heißt.

Zuerst bohrst du an der Stelle, an der du den Klingelknopf haben möchtest, ein passendes Loch in das Schild. Achte darauf, dass das Loch nicht zu groß wird, damit es sauber mit dem Knopf abschließt. Am besten zeichnest du es mit einem Bleistift vor.

Nun steckst du den Klingelknopf durch das gebohrte Loch, verbindest die Kabel der Klingel miteinander und schraubst das Metallschild an der vorgesehenen Stelle deiner Hauswand fest.

Unsere selbstgebaute Klingel ist ein echter Hingucker. Vom Paketzusteller bin ich allerdings schon mal als Frau Bienvenue angesprochen worden.

BIENVENUE

So, wie es die Natur im Winter vorgibt, mag ich auch meine Dekoration draußen: eher schlicht und farblich zurückhaltend. Mindestens eine Woche vor dem ersten Advent durchstreife ich den Wald, um abgebrochene Tannen- und Lärchenzweige zu finden. Kombiniert mit Nüssen und dicken Tannenzapfen hat man im Nu ein schönes Stillleben, das während des gesamten Winters noch hübsch aussieht. Dazu dürfen meine dicken, rustikalen Holzsterne nicht fehlen. Sie fügen sich farblich schön ein und machen immer eine tolle Figur.

Die süßen Zuckerhut- fichten verteile ich nicht nur gerne im Haus, sondern auch im Garten. So frisch mit Schnee überzuckert sehen sie natürlich besonders hübsch aus.

Die uralte Klappbank habe ich von einem Bauern aus der Nachbarschaft geschenkt bekommen.

WINTERZEIT

## HOLZSCHILD ★ DIY ✂

*Du brauchst:*

* ★ Holzbrett
* ★ Acrylfarbe
* ★ Pinsel
* ★ Schleifpapier
* ★ Buchstabenschablonen
* ★ Sternenschablonen in verschiedenen Größen

*So geht's:*

Die hervorstehenden Holzfasern des Holzbretts abschleifen, damit du eine glatte Oberfläche erhältst. Nun die Schablonen anordnen und mit Farbe ausmalen. Gut trocknen lassen.

## WEIDENKRANZ ★ DIY ✂

*Du brauchst:*

* ★ Weidenruten
* ★ Blumendraht
* ★ Gartenschere

*So geht's:*

Zuerst formst du aus einer Weidenrute einen Ring und bestimmst damit die Größe des Kranzes. Die Enden der Rute miteinander verschlingen und mit Draht festbinden. Nun immer nacheinander bis zur gewünschten Dicke eine neue Rute von oben durch den Ring führen. Die Enden in eine Windung stecken, um den Kranz zu stabilisieren.

In den Trögen und Körben, die überall bei uns im Garten verteilt sind, lasse ich gerne die Herbstbepflanzung über den Winter hinweg stehen. Besonders die filigranen Gräser und die Heidepflanzen sind bei Schnee und Frost eine echte Augenweide und begleiten uns als erfreuliche Farbtupfer im Wintergrau noch bis zum Frühjahr. Hier und da gesellen sich ein paar Zuckerhutfichten dazu und geben dem Ganzen einen winterlichen Touch.

Wenn die Vögel draußen in der Natur kein Futter mehr finden, dann kommen endlich meine Vogelfutterhäuser zum Einsatz. Sie hängen allerdings das ganze Jahr über im Garten, weil ich sie so schön finde.

Hier finden unsere Garten-
vögel den einen oder
anderen Leckerbissen, wenn
es draußen frostig wird.

Den urigen
Schweine-
trog habe
ich vor
einigen
Jahren
geschenkt
bekommen.

Die Terrakottatöpfe warten geduldig
auf ihren Einsatz im Frühling.

Frisch gefallener Schnee hat etwas sehr friedliches und es ist
immer wieder zu schön, die ersten Spuren auf einem überzuckerten
Weg zu hinterlassen, wie hier entlang unseres Obstgartens.

# WINTERPUNSCH

*Du brauchst für 6 Personen:*

★ 750 ml Früchtetee
★ 750 ml Traubensaft
★ 250 ml Orangensaft
★ 1 Zimtstange
★ 2 Gewürznelken
★ 1 Packung Vanillezucker
★ 1 EL Honig

*So geht's:*

Zuerst kochst du den Früchtetee wie gewohnt auf und gibst ihn dann mit dem Trauben- und Orangensaft in einen großen Topf.

Nun fügst du die Zimtstange und die beiden Gewürznelken hinzu und erhitzt alles zusammen etwa zehn Minuten bis es dampft, damit sich die Gewürze gut entfalten können.

Jetzt noch mit Vanillezucker und Honig süßen. Wenn du magst, nimmst du noch die Zimtstange und die Nelken heraus, damit sie sich nicht im Becher deiner Gäste wiederfinden.

Den Winterpunsch möglichst heiß servieren.

HEISS

„ Das Beste,
was man in der Welt
haben kann,
ist daheim zu sein. "

Berthold Auerbach

STERNSTUNDEN

## ADVENTSKALENDER ★ DIY

**Du brauchst:**

★ Holzleiter
★ 24 Geschenktüten
★ 24 Aufkleber
★ Paketschnur

**So geht's:**

Die Geschenktüten beklebst du mit den Aufklebern und beschriftest diese von 1 bis 24. Nun befüllst du sie mit deinen kleinen Aufmerksamkeiten und bindest die Tüten mithilfe der Paketschnur an der Holzleiter fest.

## HOLZSTERN aus Ästen ★ DIY

**Du brauchst:**

★ 10 Äste in etwa gleicher Dicke
★ Schrauben
★ Akkuschrauber
★ Weihnachtsbaumkugel
★ Gartenschere

**So geht's:**

Schneide die Äste auf eine Länge. Nun schraubst du jeweils zwei Äste aufeinander. Zum Schluss verbindest du die Seiten so miteinander, dass ein Stern entsteht und schraubst sie an den Enden zusammen. Als Hingucker befestigst du in der Mitte eine Weihnachtsbaumkugel.

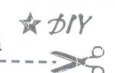

Auch wenn es sich vielleicht ein wenig kitschig anhören mag, aber bei uns ist Weihnachten das Fest der Liebe und des Zusammenseins. Geschenke sind nicht wichtig und auch, was es an den Feiertagen zu essen gibt, spielt keine große Rolle. Viel entscheidender ist es doch, dass wir als Familie zusammen sind und Zeit miteinander verbringen.

Glocken gehören für mich zu Weihnachten einfach dazu.

Walnüsse sind bei uns nicht nur zur Dekoration da, sondern sie schmecken auch köstlich, sind gesund und liegen stets zum Knacken bereit.

Der Verbrauch von Kerzen
und Teelichtern steigt
bei uns bereits zum
Herbst hin stark an.
Aber was gibt es auch
Gemütlicheres, als das
Flackern und das warme
Licht im Haus, sobald es
draußen dunkel wird?

# TANNENKRANZ ★ DIY ✂

Ein Tannenkranz macht sich sowohl auf dem Tisch als Adventskranz gut, als auch an einem hübschen Band an Tür oder Spiegel aufgehängt.

### Du brauchst:

★ Strohrohling
★ Tannenzweige
★ Blumendraht
★ Gartenschere

### So geht's:

Schneide die Tannenzweige zu ca. 15 cm langen Stücken zurecht. Nimm nun mehrere Zweige zu einem kleinen Sträußchen zusammen und binde es mit dem Draht an den Rohling. So gehst du nun immer weiter vor, bis der Kranz schön buschig ist.

Achte darauf, dass jeder neue Strauß die Stängel und den Draht des vorherigen überdeckt, damit der Rohling später nicht durchscheint.

Ich mag es, wenn Tannenkränze sehr schlicht sind und nicht überdekoriert werden. Ein schönes Band zum Aufhängen reicht mir aus.

FESTLICH

Hier auf dem kuscheligen Sofa lässt es sich nach einem Spaziergang durch den verschneiten Winterwald gut aushalten. Die heiße Schokolade wärmt herrlich von innen und verbreitet Glück im Bauch.

Unser Weihnachtsbaum steht in diesem Jahr in einem großen Rattankorb. Das sieht schöner aus als in einem Baumständer.

Den Weihnachtsbaum stellen wir etwa eine Woche vor Weihnachten auf. Das hat sich irgendwann mal so ergeben, weil wir die Zeit sonst immer zu kurz fanden, wenn der Baum nach Neujahr schon bald wieder ausziehen musste. Dabei ist es doch besonders die Vorweihnachtszeit, die sehr besinnlich und gemütlich ist. Die Kerzen zünden wir allerdings erst am Heiligen Abend an. So hat wahrscheinlich jede Familie ihre eigene Tradition.

Geschmückt wird der Baum mit unseren liebsten Weihnachtsbaumkugeln und ein paar Holzsternen. Ich mag es, wenn man noch möglichst viel vom Tannengrün sieht.

Kimba passt gut auf die Geschenke auf.

# SCHOKOTRAUM

## HEISSE TRINK= SCHOKOLADE

*Du brauchst für 6 Personen:*

★ 200 g Zartbitterkuvertüre
★ Löffel
★ Eiswürfelbehälter
★ 1,5 l Milch
★ 200 g Schlagsahne
★ Zimt

*So geht's:*

Zuerst lässt du die Zartbitter-kuvertüre langsam im Wasserbad schmelzen. Achte darauf, dass kein Wasser in die Kuvertüre spritzt und sie nicht anfängt zu kochen, da sich sonst Klumpen bilden.

Nun füllst du die Schokolade in die Mulden des Eiswürfelbehälters. Sobald sie ein wenig fest geworden ist, steckst du die Löffel hinein und lässt die Schokoladensticks am besten über Nacht auskühlen.

Die Sticks können dann pro Tasse in 200 ml heißer Milch mithilfe des Löffels eingerührt werden. Zum Abschluss noch geschlagene Sahne auf die heiße Trinkschokolade geben und mit etwas Zimt bestäuben.

## BRATAPFELMUFFINS

### Du brauchst für 12 Stück:

* 130 g Butter
* 130 g Zucker
* 1 Packung Vanillezucker
* 1 TL Zimt
* 2 Eier
* 200 g Mehl
* 2 TL Backpulver
* 2 Äpfel
* 20 g gehackte Mandeln
* 50 g Rosinen
* 3 EL Zucker-Zimt-Mischung

### So geht's:

Die Butter mit dem Zucker, Vanillezucker und dem Zimt schaumig schlagen. Die Eier nach und nach unterrühren. Das Mehl mit dem Backpulver mischen und dazugeben.

Die Äpfel in Stücke schneiden und mit den Rosinen und Mandeln vermischen. Die Hälfte davon vorsichtig unter den Teig heben. Anschließend in die vorbereiteten Muffinförmchen geben. Nun verteilst du die restliche Apfelmischung auf den Muffins und bestreust sie mit der Zucker-Zimt-Mischung. Bei 160 Grad Umluft ca. 20-25 Minuten backen.

WINTERLECKEREI

# WEIHNACHTSBILD ★ DIY ✂
## mit Geschirrtuch

So bekommt dein Geschirrtuch seinen großen Auftritt.

*Du brauchst:*

★ Holzbrett
★ Weihnachtliches Geschirrtuch
★ Doppelseitiges Klebeband
★ Schere

*So geht's:*

Achte darauf, dass das Holzbrett etwas kleiner als dein weihnachtliches Geschirrtuch ist. Ich habe für mein Weihnachtsbild einfach einen ausgedienten Holzregalboden genommen. Nun klebst du an den Seitenkanten des Brettes rundherum das doppelseitige Klebeband auf und befestigst damit möglichst stramm das Geschirrtuch auf dem Brett.

Dieses schöne Geschirrtuch ist wirklich viel zu schade, um im Küchenschrank zu verschwinden.

JOYFUL WISHES

Kimba kuschelt unheim-
lich gerne und sobald
ich es mir mit einem
Buch auf dem Sofa ge-
mütlich gemacht habe,
kommt sie angelaufen
und stupst mich mit
ihrer Nase an. Lesen
kann man ja immerhin
auch später noch.

# Das schöne Leben zu allen Jahreszeiten!

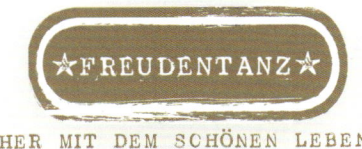

HER MIT DEM SCHÖNEN LEBEN!

Herzlich Willkommen in meinem Lädchen, in dem du auch viele der gezeigten Wohnaccessoires aus diesem Buch finden kannst:

**FREUDENTANZ**
Hauptstraße 26
32791 Lage-Heiden

Oder du kommst auf einen Besuch in meinem virtuellen Lädchen vorbei:
**www.freudentanz-shop.de**

Auf meinem Blog lade ich dich ein, das natürliche Landleben mit mir zu genießen:
**http://angelinasfreudentanz.blogspot.de**

---

# Danke

Besonderer Dank geht an meine Leser und Kunden, die nun schon seit 2010 meine Begeisterung für FREUDENTANZ und das schöne Leben teilen.

Lieben Dank an all meine Verwandten, Freunde und Weggefährten, insbesondere an:
**Stefan** – Du bist mein Mann, Freund, Motivator und Zuhörer. Danke, dass du in meinem Leben bist.
**Mama** – Danke, dass du immer für mich da bist, mich unterstützt und verstehst. Du bist meine beste Freundin.

**Sarah-Lena** – Schön, dass es dich gibt, Schwesterherz.
**Muddel** – Wie gerne hätte ich dir dieses Buch noch gezeigt. Danke für all das, was du mir mit auf den Weg gegeben hast.
**Antje Warnecke** – Danke für das schöne Layout.
**Susanne Klar, Christine Rauch & BusseSeewald** – Vielen Dank für das in mich gesetzte Vertrauen und die Erfüllung meines Lebenstraumes.